marmiton

TOP CHRONO

Recettes ROBOT-CUISEUR

playBac

INTRODUCTION

POUR LE DÎNER OU LES REPAS DU WEEK-END, L'IDÉAL POUR NE PAS PASSER DES HEURES AUX FOURNEAUX, C'EST DE CUISINER AVEC VOTRE ROBOT : ÇA TOMBE BIEN, VOICI LE PLEIN D'IDÉES RECETTES AU ROBOT, EN MODE ULTRA-RAPIDE, ULTRA-GOURMAND !

Top chrono, c'est la promesse des recettes qui suivent. Un temps de préparation en cuisine de seulement 10 à 15 minutes et une cuisson au robot pour des plats qui mijotent tout seuls ! Vous n'avez plus qu'à passer à table avec votre tribu et/ou vos amis et... à vous régaler !

Bon appétit,

L'ÉQUIPE MARMITON

TOP CHRONO

C'EST PARTI !

SOMMAIRE

3 œufs

150 g de lardons

100 g de gruyère râpé

2 c. à soupe de farine

25 cl de lait

10 cl de crème fraîche

QUICHE SANS PÂTE aux lardons

1 Mélangez tous les ingrédients dans un saladier.

2 Versez la préparation dans un moule beurré de 18 cm de diamètre au maximum. Filmez hermétiquement..

3 Versez 20 cl d'eau dans la cuve, installez le panier vapeur, puis déposez le moule. Lancez le mode CUISSON SOUS PRESSION pour 00:30.

4 Servez chaud ou froid, accompagné d'une salade verte.

Astuce
Pour une quiche encore plus légère, optez pour moitié Maïzena®-moitié farine.

pour 6

cuisson 00:30

PRÉPARATION 05 MIN

difficulté très facile

coût bon marché

Recette proposée par Marmiton_Recettes

POULET À LA CRÈME
et aux champignons

4 escalopes de poulet

200 g de champignons de Paris

10 cl de crème épaisse

1 c. à soupe d'huile d'olive

1 Émincez les champignons.

2 Versez l'huile et déposez les escalopes dans la cuve, puis lancez le mode DORER. Colorez chaque face le temps du préchauffage.

3 Ajoutez les champignons et 15 cl d'eau. Salez poivrez, puis lancez le mode CUISSON SOUS PRESSION. Laissez cuire 00:06.

4 Ajoutez la crème, mélangez bien et servez sans attendre.

Astuce
Pour une version normande, vous pouvez remplacer le verre d'eau par un verre de cidre.

PRÉPARATION 10 MIN

pour	cuisson	difficulté	coût
4	00:06	très facile	bon marché

TORTILLA
aux haricots verts

6 œufs

6 pommes de terre

100 g de haricots verts

1 oignon

20 g de beurre

Quelques feuilles d'oseille

1 Émincez l'oignon. Pelez et râpez les pommes de terre. Équeutez les haricots, puis coupez-les en petits tronçons. Lavez les feuilles d'oseille.

2 Versez tous les légumes dans la cuve avec le beurre et 10 cl d'eau. Faites revenir en mode DORER pendant 00:10, en ajoutant le temps du préchauffage.

3 Battez les œufs en omelette, puis versez-les sur les légumes. Lancez le mode RÉCHAUFFAGE pour 00:08.

4 Démoulez la tortilla en retournant la cuve coiffée d'une grande assiette.

pour 4 | cuisson 00:18 | PRÉPARATION 18 MIN | difficulté très facile | coût bon marché

« Ça change de la traditionnelle omelette aux pommes de terre ! Très bon ! La prochaine fois, j'ajouterai un fromage type comté ou beaufort. »
virginie_2336

PAUPIETTES de veau

4 paupiettes

2 échalotes

10 cl de vin blanc sec

1 c. à café d'huile de tournesol

1 c. à soupe de moutarde

1 feuille de laurier

1 Pelez et émincez grossièrement les échalotes.

2 Déposez l'huile, les échalotes et les paupiettes dans la cuve. Faites revenir la viande en mode DORER sur chaque face le temps du préchauffage.

3 Ajoutez le vin, la moutarde et le laurier. Salez, poivrez et lancez le mode CUISSON SOUS PRESSION pour 00:14.

4 Servez accompagné d'une poêlée de champignons ou avec une purée de céleri.

pour	cuisson	PRÉPARATION	difficulté	coût
4	00:14	10 MIN	très facile	moyen

« C'est vraiment excellent, j'ai ajouté de la crème fraîche dans la sauce. À refaire très bientôt et merci. »
monteironathalie1

FILETS DE LIEU à la crème et au cidre

4 filets de lieu noir

30 cl de cidre

2 échalotes

15 g de beurre

2 c. à soupe de crème épaisse

1 c. à soupe de persil haché

1 Émincez les échalotes.

2 Tapissez le panier vapeur de papier sulfurisé. Déposez le poisson, puis recouvrez-le d'échalotes. Ajoutez le beurre en petits morceaux, salez, poivrez, puis arrosez de 15 cl de cidre.

3 Versez 20 cl d'eau dans la cuve, installez le panier, puis lancez le mode CUISSON SOUS PRESSION pour 00:10.

4 Videz l'eau, versez le reste de cidre, ajoutez la crème et le persil, puis faites cuire en mode DORER pendant 00:02.

5 Nappez le poisson de cette sauce au moment de servir, et dégustez avec du riz.

pour 4 | cuisson 00:12 | PRÉPARATION 10 MIN | difficulté très facile | coût moyen

800 g de bœuf

50 g de lardons fumés

4 carottes

1 oignon

2 gousses d'ail

2 feuilles de laurier

10 cl de vin blanc

1 cube de bouillon de bœuf

BŒUF
aux carottes

1 Écrasez l'ail en chemise. Épluchez les carottes, puis coupez-les en rondelles épaisses. Coupez le bœuf en cubes. Émincez l'oignon.

2 Placez les lardons, le bœuf, l'oignon et l'ail dans la cuve. Faites revenir en mode DORER pendant 00:03, en ajoutant le temps du préchauffage. Remuez régulièrement.

3 Ajoutez les carottes, le vin, le cube de bouillon et 10 cl d'eau. Lancez le mode CUISSON SOUS PRESSION pour 00:08.

4 Servez bien chaud avec des tagliatelles fraîches.

pour	cuisson	PRÉPARATION	difficulté	coût
4	00:11	10 MIN	très facile	moyen

« Excellent ! J'ai ajouté des petits champignons de Paris en boîte pour avoir plus de légumes. Et, comme souvent avec les plats mijotés, c'est encore meilleur réchauffé le lendemain. »

Greenmonkey

FÈVES
au jambon

500 g de fèves écossées

300 g
de dés de jambon

3 carottes

1 oignon

1 gousse d'ail

10 g de beurre

½ cube de bouillon de légumes

1 c. à soupe de fromage frais ail

1 Hachez l'oignon. Pelez les carottes, puis coupez-les en rondelles épaisses. Retirez la peau des fèves.

2 Déposez l'oignon, le beurre et le jambon dans la cuve, puis colorez en mode DORER pendant 00:03, en ajoutant le temps du préchauffage.

3 Pelez et pressez l'ail au-dessus de la cuve. Ajoutez les carottes, les fèves, puis poursuivez la cuisson 00:03.

4 Émiettez le demi-cube de bouillon, ajoutez 15 cl d'eau, puis lancez le mode CUISSON SOUS PRESSION pour 00:08.

5 Ajoutez le fromage frais, mélangez, puis servez bien chaud.

pour	cuisson	PRÉPARATION	difficulté	coût
4	00:14	15 MIN	très facile	un peu cher

« Juste parfaite, cette recette permet de manger des fèves fraîches et de se régaler ! »
Chaudoudoux

DINDE
à la tomate et aux oignons

500 g de filets de dinde

2/3 petits oignons

2 c. à soupe de parmesan râpé ou en copeaux

2 c. à soupe de persil haché

1 boîte de tomate en conserve avec leur jus

Huile d'olive

1 Faites revenir les morceaux de dinde et les oignons hachés grossièrement avec un peu d'huile dans la cuve. Lancez le mode DORER pour 00:05.

2 Versez les tomates dans la cuve avec le reste, puis lancez le mode CUISSON SOUS PRESSION pour 00:06.

3 Ajoutez le persil et les copeaux de parmesan avant de servir.

Astuce
Quand c'est la saison, utilisez des tomates fraîches, pelées après quelques secondes au micro-ondes.

pour	cuisson	PRÉPARATION	difficulté	coût
4	00:11	10 MIN	très facile	bon marché

FLAN DE LÉGUMES
au chèvre

200 g de courgettes

100 g de fromage de chèvre frais

2 œufs

100 g de farine

50 cl de lait

1 c. à soupe d'huile d'olive

1 Coupez les courgettes et le fromage de chèvre en dés.

2 Déposez l'huile avec les courgettes dans la cuve. Colorez en mode DORER le temps du préchauffage.

3 Dans un saladier, mélangez les œufs, la farine et le lait. Ajoutez les courgettes et le fromage. Assaisonnez et versez dans un moule beurré de 18 cm de diamètre au maximum. Filmez.

4 Rincez la cuve, puis versez 20 cl d'eau. Installez le panier vapeur, puis déposez le moule. Lancez le mode CUISSON SOUS PRESSION pour 00:15.

Astuce
Vous pouvez servir avec un coulis de poivron rouge.

PRÉPARATION 15 MIN

pour	cuisson	difficulté	coût
4	00:15	très facile	bon marché

CROZIFLETTE

300 g de crozets au sarrasin

1 reblochon

200 g de lardons

1 oignon

10 cl de crème

1 Versez 80 cl d'eau dans la cuve, puis lancez le mode DORER.

2 Ajoutez les crozets dès les premiers bouillons et faites cuire sur le même mode pendant 00:10.

3 Égouttez les pâtes dans une passoire, puis replacez la cuve vide. Ajoutez les lardons et l'oignon émincé. Colorez le tout en mode DORER quelques dizaines de secondes.

4 Reversez les crozets, ajoutez la crème, le reblochon coupé en 2 dans l'épaisseur et poivrez. Lancez le mode RÉCHAUFFAGE pour 00:05, puis servez après avoir bien mélangé.

Astuce
Pour une variante végétarienne, remplacez les lardons par du tofu fumé.

pour	cuisson	préparation	difficulté	coût
4	00:15	05 min	très facile	bon marché

TABOULÉ
au boulgour

200 g de boulgour

400 g de tomates

2 oignons nouveaux

½ bouquet de persil

½ bouquet de menthe

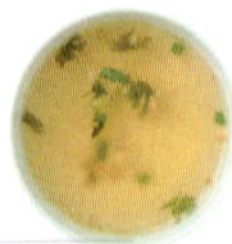
20 cl de bouillon de légumes

3 c. à soupe d'huile d'olive

2 c. à soupe de jus de citron

1 Placez le boulgour dans la cuve et recouvrez du bouillon. Lancez le mode CUISSON SOUS PRESSION. Laissez cuire 00:09.

2 Égrainez le boulgour et laissez refroidir.

3 Coupez les tomates en petits dés. Émincez finement les oignons et coupez les tiges en rondelles. Hachez le persil et la menthe.

4 Mélangez le tout avec l'huile et le jus de citron. Rectifiez l'assaisonnement et laissez reposer 20 min.

PRÉPARATION 10 MIN

pour	cuisson	repos	difficulté	coût
4	00:09	00:20	très facile	bon marché

Recette proposée par Bib

« Je rajoute un demi-oignon haché et des petits dés de poivrons, de n'importe quelle couleur, pour la gaîté et le croquant ! Je mets aussi quelques gouttes de Tabasco® pour relever le tout. »

tartine78

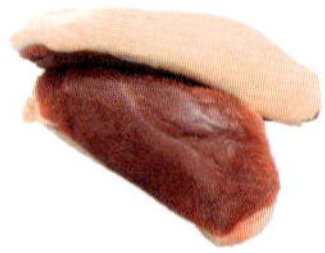

2 magrets de canard

1 orange

200 g de sucre

20 g de beurre

MAGRETS DE CANARD
à l'orange

1 Dans la cuve, déposez le sucre et lancez le mode DORER pour 00:02.

2 Ajoutez le beurre, le jus d'orange allongé d'un peu d'eau, les magrets de canard coupés en tranches. Salez et poivrez.

3 Lancez le mode CUISSON SOUS PRESSION pour 00:03.

4 Rectifiez l'assaisonnement, puis servez aussitôt.

pour 4

cuisson 00:05

PRÉPARATION 10 MIN

difficulté très facile

coût un peu cher

« Très bonne recette.
Réalisée pour les fêtes… un régal ! »
Arthur_13802963

VELOUTÉ DE BUTTERNUT à la cannelle

courge butternut

1 oignon

1 cube de bouillon

1 c. à soupe de crème fraîche

10 g de beurre

1 pincée de cannelle

1 Pelez et coupez la courge butternut en gros cubes. Pelez et hachez l'oignon.

2 Faites revenir le tout dans la cuve avec le beurre : lancez le mode DORER pour 00:03 en remuant.

3 Émiettez le cube de bouillon au-dessus, puis ajoutez 60 cl d'eau et la cannelle. Lancez le mode CUISSON SOUS PRESSION pour 00:15.

4 Mixez le velouté en augmentant progressivement la vitesse.

5 Ajoutez la crème fraîche. Poivrez.

PRÉPARATION 15 MIN

pour	cuisson	difficulté	coût
4	00:18	très facile	bon marché

TOFU SAUTÉ
au sésame

200 g de tofu nature

100 g de pousses de soja

1 oignon

3 c. à soupe d'huile de sésame

2 c. à soupe de sauce soja salée

1 c. à café de sésame

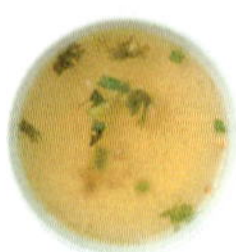

20 cl de bouillon de légumes

1 pincée de piment en poudre

1 Dans la cuve, faites revenir l'oignon émincé et le sésame dans 2 c. à soupe d'huile. Lancez le mode DORER pour 00:05.

2 Ajoutez la sauce soja, le tofu, les pousses de soja et le bouillon. Lancez le mode CUISSON SOUS PRESSION pour 00:03.

3 Avant de servir, arrosez du reste d'huile et saupoudrez de piment.

pour	cuisson	PRÉPARATION	difficulté	coût
4	00:08	15 MIN	facile	bon marché

Recette proposée par eva_13705375

« Super recette, facile, efficace. On peut faire un dosage approximatif, rajouter ce qui nous plaît… J'adore ! »
elisaprio

SALADE
mexicaine

200 g de quinoa

1 boîte de maïs

1 boîte
de haricots rouges

1 avocat

1 oignon

20 g de beurre

1 bouquet de persil

Huile
Vinaigre

1 Rincez le quinoa. Versez-le dans la cuve et couvrez d'eau. Lancez le mode CUISSON SOUS PRESSION pour 00:05.

2 Émincez l'oignon. Faites-le revenir avec le maïs dans le beurre. Lancez le mode DORER pour 00:02.

3 Mélangez les haricots rouges égouttés et le maïs au quinoa refroidi. Ajoutez la chair de l'avocat coupée en dés.

4 Au moment de servir, assaisonnez d'une vinaigrette et ajoutez le persil ciselé.

Astuce
Vous pouvez remplacer le persil par de la coriandre.

pour	cuisson	PRÉPARATION	difficulté	coût
4	00:07	15 MIN	très facile	bon marché

RIZ
à l'égyptienne

300 g de riz

60 g de vermicelles de blé

2 c. à soupe d'huile d'olive

1 cube de bouillon de légumes

1 Faites rissoler en mode DORER pendant 00:03, en ajoutant le temps du préchauffage. Versez l'huile et les vermicelles dans la cuve.

2 Ajoutez le riz et le cube de bouillon, puis colorez encore pendant 00:02.

3 Ajoutez 55 cl d'eau, puis lancez le mode CUISSON SOUS PRESSION pour 00:09.

4 Égouttez si besoin et servez avec des grillades de viande ou du poisson.

pour 4

cuisson 00:14

PRÉPARATION 15 MIN

difficulté très facile

coût bon marché

« Recette essayée et adoptée depuis quelques mois. Avec un cube de bouillon au bœuf et une petite cuillère de cumin, c'est encore mieux. »
romy_17195786

800 g d'escalopes de poulet

2 oignons

10 cl de vin blanc

2 c. à soupe de sauce soja

2 c. à café de gingembre en poudre

Quelques poivrons à l'huile

2 gouttes d'huile de sésame

POULET
à la vietnamienne

1 Émincez les oignons. Coupez le poulet en lamelles et saupoudrez de gingembre.

2 Déposez les oignons dans la cuve avec les poivrons à l'huile et faites rissoler en mode DORER pendant 00:03, en ajoutant le temps du préchauffage.

3 Ajoutez le poulet, puis faites cuire sur le même mode encore 00:03.

4 Versez le vin, la sauce soja, l'huile de sésame, assaisonnez et lancez le mode CUISSON SOUS PRESSION. Laissez cuire 00:09.

5 Servez accompagné de légumes sautés ou vapeur, et décorez avec des pousses de soja, du gingembre et du citron vert.

Astuce
Ajoutez des champignons noirs et des haricots mungo pour agrémenter le plat.

pour	cuisson	PRÉPARATION	difficulté	coût
4	00:15	15 MIN	très facile	bon marché

Recette proposée par Marmiton_Recettes

PAD THAÏ
au tofu

250 g de nouilles chinoises

200 g de tofu fumé

3/4 feuilles de chou pak choï

1 c. à soupe de cacahuètes

2 c. à soupe de sauce soja

1 brique de lait de coco

Huile de sésame

1 Dans la cuve, faites revenir le tofu coupé en cubes dans l'huile. Lancez le mode DORER pour 00:05. Ajoutez les cacahuètes concassées.

2 Ajoutez les feuilles de chou, la sauce soja et le lait de coco, mélangez. Ajoutez les nouilles chinoises. Lancez le mode CUISSON SOUS PRESSION pour 00:08.

3 Servez avec des rondelles de citron et de la coriandre, si vous le souhaitez.

pour 4 | cuisson 00:13 | PRÉPARATION 10 MIN | difficulté facile | coût moyen

« Aaaah le pad thaï... mon péché mignon !
J'ai un peu varié les accompagnements (pois gourmands,
champignons noirs, oignon nouveau, carottes... »
mia_16508143

RIZ
cantonnais

300 g de riz

300 g de crevettes crues décortiquées

100 g de petits pois surgelés

1 échalote

2 gousses d'ail

3 œufs

1 c. à soupe d'huile

1 c. à soupe de sauce soja salée

1 Émincez l'échalote et l'ail. Dans la cuve, faites-les caraméliser avec les crevettes dans l'huile et la sauce soja. Lancez le mode DORER pour 00:05.

2 Ajoutez le riz, les petits pois, recouvrez d'eau, salez et poivrez. Lancez le mode CUISSON SOUS PRESSION pour 00:09.

3 Au moment de servir, ajoutez les œufs brouillés à la poêle. Mélangez.

pour	cuisson	PRÉPARATION	difficulté	coût
4	00:14	05 MIN	très facile	un peu cher

Recette proposée par noor_13751480

« Rapide et excellent : j'ai ajouté une carotte, des lardons et un oignon que j'ai fait revenir dans de l'huile de sésame. »
hope85

PAK CHOÏ SAUTÉS
à la sauce soja

4 choux pak choï

4 oignons

1 c. à soupe d'huile de sésame

1 c. à soupe de vinaigre de riz

1 c. à soupe de sauce soja

1 c. à café de piment doux en poudre

1 bouquet de coriandre

1 Coupez les feuilles de choux en lanières. Émincez les oignons.

2 Placez tous les ingrédients sauf le chou et la coriandre dans la cuve. Lancez le mode DORER pour 00:01.

3 Ajoutez 10 cl d'eau et le chou, puis lancez le mode CUISSON SOUS PRESSION pour 00:08.

4 Saupoudrez de coriandre ciselée avant de servir.

Astuce
Pour une recette plus relevée et selon les goûts, ajoutez de l'ail et du gingembre rapé.

pour 4 | cuisson 00:09 | PRÉPARATION 15 MIN | difficulté facile | coût bon marché

CHILI
con carne

500 g de haricots rouges en conserve

400 g de bœuf haché

400 g de dés de tomates

1 oignon

1 gousse d'ail

1 c. à soupe d'huile d'olive

1 c. à café de cumin

1 pincée de piment en poudre

1 Émincez l'oignon et l'ail. Dans la cuve, faites-les revenir dans l'huile avec la viande. Lancez le mode DORER pour 00:10.

2 Coupez les tomates en dés et ajoutez-les dans la cuve avec les autres ingrédients, assaisonnez et mélangez. Couvrez d'eau. Lancez le mode CUISSON SOUS PRESSION pour 00:06.

pour	cuisson	PRÉPARATION	difficulté	coût
4	00:16	10 MIN	très facile	moyen

Recette proposée par alya_14396805

« Excellent ! J'ai rajouté quelques grains de maïs et je l'ai servi avec du riz. Un délice ! »
SpOutnik

CABILLAUD
au lait de coco

600 g de cabillaud

2 oignons

1 citron vert bio

30 cl de lait de coco

1 c. à café de gingembre râpé

1 c. à café de curry

1 Épluchez et émincez les oignons. Râpez et pressez le citron. Coupez le poisson en morceaux.

2 Dans la cuve, déposez tous les ingrédients. Salez et poivrez. Lancez le mode CUISSON SOUS PRESSION pour 00:03.

3 Servez le poisson avec du riz.

Astuce
Pour agrémenter le plat, ajoutez des morceaux de mangue.

PRÉPARATION 10 MIN

pour	cuisson	difficulté	coût
4	00:03	très facile	un peu cher

CHAKCHOUKA

4 œufs

300 g de riz

2 poivrons verts

2 gousses d'ail

2 tomates

2 oignons émincés

2 c. à soupe
d'huile d'olive

1 c. à café
de piment doux

1 Émincez les oignons et l'ail. Épépinez et coupez les poivrons en lanières et les tomates en morceaux.

2 Faites revenir les oignons dans l'huile. Lancez le mode DORER pour 00:05.

3 Ajoutez les poivrons et les tomates, l'ail, le riz et le piment. Salez et poivrez.

4 Ajoutez 20 cl d'eau et lancez le mode CUISSON SOUS PRESSION pour 00:07.

5 En fin de cuisson, cassez les œufs sur le riz et passez en mode MAINTIEN AU CHAUD, couvercle fermé, pour 00:05.

Astuce
Assaisonnez de coriandre ou de basilic frais.

pour 4

cuisson 00:10

PRÉPARATION 17 MIN

difficulté très facile

coût bon marché

500 g de tagliatelles fraîches

16 noix de saint-jacques

30 g de beurre

1 c. à soupe de persil ciselé

1 cube de bouillon

20 cl de crème fraîche

TAGLIATELLES
aux saint-jacques

1 Faites fondre le beurre dans la cuve en mode DORER. Déposez les saint-jacques, le persil, salez et poivrez. Colorez pendant 00:02. Réservez.

2 Versez 30 cl d'eau bouillante dans la cuve, ajoutez les tagliatelles et le cube de bouillon émietté. Lancez le mode CUISSON SOUS PRESSION. Laissez cuire 00:01.

3 Ajoutez la crème et les saint-jacques. Mélangez et passez en mode MAINTIEN AU CHAUD pour 00:02. Servez chaud.

Astuce
Recette aussi gourmande avec des crevettes.

PRÉPARATION 05 MIN

pour	cuisson	difficulté	coût
4	00:05	très facile	moyen

RISOTTO de la mer

300 g de crevettes surgelées

200 g de moules cuites

250 g de riz

40 cl de coulis de tomate

2 carottes

2 oignons

1 gousse d'ail

1 c. à soupe d'huile d'olive

1 Émincez les oignons et l'ail. Épluchez les carottes, puis coupez-les en dés.

2 Lancez le mode DORER. Après le préchauffage, faites revenir les oignons, l'ail et les fruits de mer dans l'huile pour 00:04.

3 Ajoutez le riz, le coulis de tomate, les carottes et 35 cl d'eau. Assaisonnez, mélangez, puis lancez le mode CUISSON SOUS PRESSION pour 00:09.

4 Servez sans attendre.

Astuce
Pour encore plus de crémeux, ajoutez 50 g de parmesan après la cuisson, couvrez 2 minutes puis servez.

PRÉPARATION 10 MIN

pour	cuisson	difficulté	coût
4	00:13	très facile	bon marché

PENNE RIGATE
au thon

250 g de penne rigate

1 grosse boîte de thon

300 g de champignons de Paris

3 échalotes

20 cl de crème épaisse

30 g de parmesan

2 c. à soupe d'huile d'olive

1 c. à café de bouquet

1 Émincez les échalotes et les champignons nettoyés.

2 Versez le tout dans la cuve avec l'huile, puis lancez le mode DORER pendant 00:03, en ajoutant le temps du préchauffage.

3 Ajoutez le thon émietté et mélangez bien.

4 Ajoutez les pâtes, le bouquet garni et 50 cl d'eau. Lancez le mode CUISSON SOUS PRESSION. Laissez cuire 00:06.

5 Égouttez le surplus d'eau de la cuve, puis ajoutez la crème et le parmesan. Mélangez et servez immédiatement.

pour	cuisson	PRÉPARATION	difficulté	coût
4	00:09	10 MIN	très facile	bon marché

Recette proposée par alya_15715611

« Très bon ! J'ai ajouté de l'ail écrasé et un peu de lait pour couper la crème fraîche épaisse que j'ai utilisée. »
thealesk

350 g de pâtes torsades ou de coquillettes

90 g de lardons

15 cl de crème fraîche

1 jaune d'œuf

50 g de gruyère râpé

PÂTES CARBONARA
à la française

1 Versez 80 cl d'eau et les pâtes dans la cuve. Lancez le mode CUISSON SOUS PRESSION pour 00:07.

2 Égouttez les pâtes et réservez-les dans un saladier.

3 Déposez les lardons dans la cuve. Lancez le mode DORER pour 00:02, en ajoutant le temps du préchauffage.

4 Ajoutez les pâtes, la crème et le jaune d'œuf, puis mélangez bien. Faites chauffer encore sur le même mode pendant 00:02.

5 Ajoutez le fromage, mélangez bien et servez sans attendre.

pour	cuisson	PRÉPARATION	difficulté	coût
4	00:11	10 MIN	très facile	bon marché

« Une très belle surprise ! Je conseille d'ajouter une pointe de moutarde au miel, pour relever légèrement le tout, c'est excellent ! »
enzo_16003261

500 g de tagliatelles fraîches

1 filet de saumon frais

35 cl de crème fraîche

10 g de beurre

1 c. à soupe d'aneth ciselé

20 g de parmesan râpé

Muscade

TAGLIATELLES au saumon frais

1 Coupez le saumon en dés.

2 Portez 1 l d'eau à ébullition dans la cuve en mode DORER, puis plongez les pâtes pour 00:07. Égouttez et réservez.

3 Faites fondre le beurre et la crème dans la cuve en mode DORER le temps du préchauffage.

4 Ajoutez le saumon et faites cuire sur le même mode pendant 00:03.

5 Ajoutez les pâtes, l'aneth, du sel et de la muscade. Refermez la cuve et passez en mode MAINTIEN AU CHAUD pour 00:02.

6 Parsemez de parmesan au moment de servir.

pour	cuisson	préparation	difficulté	coût
4	00:12	10 min	très facile	moyen

« Une tuerie ! J'ai fait mariner le saumon une bonne heure dans 5 cuillères à soupe de jus de citron, 5 cuillères à soupe d'huile d'olive et un peu de thym. J'ai gardé tout le jus de la marinade pour la cuisson. Il faut bien assaisonner et c'est parfait ! »

Greenael

RISOTTO
aux courgettes

350 g de riz arborio

2 courgettes

1 oignon

10 cl de vin blanc sec

20 cl de crème liquide

1 filet d'huile d'olive

1 Émincez l'oignon. Coupez les courgettes en petits cubes.

2 Lancez le mode DORER et faites revenir l'oignon dans la cuve avec un filet d'huile 00:02.

3 Ajoutez les courgettes et laissez revenir 00:02.

4 Ajoutez le riz et poursuivez la cuisson jusqu'à ce qu'il devienne translucide.

5 Versez le vin et 10 cl d'eau. Salez et poivrez. Lancez le mode CUISSON SOUS PRESSION pour 00:12.

6 Ajoutez la crème, mélangez et servez sans attendre.

pour 4

cuisson 00:16

PRÉPARATION 15 MIN

difficulté facile

coût bon marché

Recette proposée par elena_16578031

« Très très bon ! Je n'ai mis qu'une courgette que j'ai râpée. Je n'avais pas de vin blanc et j'ai mis beaucoup de parmesan. À faire et à refaire… »

laurencem2006

300 g de macaronis

80 g de mimolette

80 g de comté

1 cube de bouillon de légumes

MACARONIS
au double fromage

1 Versez les pâtes dans la cuve avec 60 cl d'eau, puis lancez le mode CUISSON SOUS PRESSION pour 00:09.

2 Égouttez les pâtes, puis reversez-les dans la cuve avec les fromages, du poivre et le cube de bouillon émietté. Mélangez bien, puis refermez.

3 Laissez fondre doucement le fromage quelques minutes sans cuisson avant de déguster.

Astuce
Ajoutez des oignons rouges émincés et de la ciboulette juste avant de servir.

pour 4

cuisson 00:09

PRÉPARATION 10 MIN

difficulté très facile

coût bon marché

GNOCCHIS
aux tomates et au fenouil

380 g de gnocchis

½ fenouil

10 tomates séchées

Quelques tomates cerise

3 c. à soupe d'huile d'olive

Parmesan

Basilic

1 Émincez le fenouil.

2 Versez les légumes dans la cuve avec 3 c. à soupe d'huile d'olive, puis faites revenir en mode DORER pendant 00:05, en comptant le temps du préchauffage.

3 Ajoutez les gnocchis, 30 cl d'eau, puis lancez le mode CUISSON SOUS PRESSION pour 00:04.

4 Ajoutez les tomates cerise coupées en 2 et du poivre. Mélangez, puis passez en mode MAINTIEN AU CHAUD pour 00:02.

5 Persemez de parmesan et de basilic.

Astuce
Quelques câpres ajoutées avant de servir peuvent relever le tout.

pour	cuisson	PRÉPARATION	difficulté	coût
4	00:11	05 MIN	très facile	bon marché

300 g de linguine

3 gousses d'ail

3 c. à soupe d'huile d'olive

parmesan

LINGUINE
à l'ail express

1 Pelez et écrasez l'ail. Déposez-le dans la cuve avec l'huile, puis faites revenir en mode DORER pendant 00:01, en ajoutant le temps du préchauffage.

2 Versez 60 cl d'eau et les pâtes, puis lancez le mode CUISSON SOUS PRESSION pour 00:07.

3 Assaisonnez, puis servez immédiatement avec un peu de parmesan.

Astuce
Ajoutez du basilic ou du persil, selon le goût, au moment de servir.

PRÉPARATION 05 MIN

pour	cuisson	difficulté	coût
4	00:08	très facile	bon marché

300 g de riz arborio

1 botte d'asperges vertes

2 échalotes

50 g de beurre

15 cl de vin blanc

1 cube de bouillon de légumes

60 g de parmesan râpé

RISOTTO
aux asperges

1 Coupez les asperges en tronçons. Réservez les pointes. Émincez les échalotes.

2 Déposez les tronçons d'asperges et 20 cl d'eau dans la cuve, puis lancez le mode CUISSON SOUS PRESSION pour 00:02. Réservez.

3 Ajoutez le riz, le beurre, les échalotes, le vin, 15 cl d'eau et le cube de bouillon.

4 Passez en mode DORER et remuez jusqu'à absorption du liquide. Renouvelez 2 fois l'opération avec 15 cl d'eau. Ajoutez les pointes d'asperge pour la dernière cuisson.

5 Parsemez de parmesan avant de servir.

pour	cuisson	PRÉPARATION	difficulté	coût
4	00:14	15 MIN	très facile	moyen

Recette proposée par alya_16259053

« Je cuis mon risotto avec l'eau de cuisson
en ayant ajouté préalablement un cube de bouillon
pour plus de goût. »
odealadeb

RAVIOLES
aux petits oignons

2 paquets
de ravioles fraîches

1 oignon cébette

1 cube de bouillon
de volaille

1 Émincez l'oignon en petits dés. Séparez les ravioles.

2 Déposez l'oignon dans la cuve avec le cube de bouillon émietté, puis lancez le mode DORER jusqu'à ébullition.

3 Ajoutez les ravioles et lancez le mode CUISSON SOUS PRESSION. Laissez cuire 00:01.

4 Servez les ravioles dans des ramequins.

pour	cuisson	PRÉPARATION	difficulté	coût
4	00:06	05 MIN	très facile	moyen

« Avec du jambon dessus et une salade verte, c'est un plat complet, excellent, très simple et très rapide ! »
julia_15900357

VELOUTÉ GLACÉ de petits pois et menthe

400 g de petits pois

2 tiges de menthe

4 oignons nouveaux

1 cube de bouillon

1 Ciselez les oignons. Réservez quelques rondelles vertes.

2 Versez 40 cl d'eau dans la cuve et émiettez le cube de bouillon.

3 Ajoutez les petits pois et les oignons, puis lancez le mode CUISSON SOUS PRESSION pour 00:06.

4 Mixez le tout au blender, en ajoutant les feuilles de menthe.

5 Placez au réfrigérateur après refroidissement et servez presque glacé, parsemé de rondelles d'oignon.

Astuce
Accompagnez ce velouté de mouillettes au fromage de chèvre.

pour	cuisson	PRÉPARATION	difficulté	coût
4	00:06	05 MIN	très facile	bon marché

Recette proposée par Marmiton_Recettes

4 œufs

120 g d'asperges vertes

4 c. à soupe de crème épaisse

40 g de parmesan

4 brins de ciboulette

Muscade

ŒUFS COCOTTE
aux asperges

1 Lavez les asperges, coupez-les en petits tronçons. Versez 200 ml d'eau dans la cuve et déposez les asperges dans le panier vapeur. Lancez le mode CUISSON SOUS PRESSION pour 00:03.

2 Déposez dans chaque ramequin 1 c. à soupe de crème. Assaisonnez en sel, poivre et muscade, puis cassez 1 œuf. Ajoutez des asperges égouttées et un peu de ciboulette ciselée. Parsemez de parmesan et filmez hermétiquement.

3 Déposez les ramequins dans le panier vapeur. Versez 20 cl d'eau dans la cuve, installez le panier, puis lancez le mode CUISSON SOUS PRESSION pour 00:03.

4 Servez immédiatement.

pour: 4

cuisson: 00:03

PRÉPARATION: 10 MIN

difficulté: très facile

coût: moyen

« J'ai ajouté une tranche de jambon et 1 cuillère à soupe de parmesan, je n'ai pas mis de sel et j'ai remplacé la crème par du fromage blanc. Très bon. »
elena_14761883

1,2 kg de moules

20 cl de vin jaune

1 oignon

1 c. à soupe de persil ciselé

MOULES au vin jaune

1 Émincez finement l'oignon. Grattez les moules.

2 Déposez tous les ingrédients dans la cuve, mélangez et lancez le mode CUISSON SOUS PRESSION. Laissez cuire 00:03.

3 Servez immédiatement, accompagné de frites au four ou de bâtonnets de carottes vapeur.

Astuce
Pour une sauce gourmande, ajoutez une belle cuillerée de crème fraîche et un peu de paprika au jus de cuisson.

PRÉPARATION 15 MIN

pour	cuisson	difficulté	coût
4	00:03	très facile	moyen

Recette proposée par manou1983

VELOUTÉ
de chou-fleur

1 kg de chou-fleur

75 cl de bouillon de volaille

15 cl de crème liquide

1 Détaillez le chou-fleur en fleurettes.

2 Déposez-les dans la cuve et recouvrez de bouillon. Lancez le mode CUISSON SOUS PRESSION pour 00:10.

3 Mixez le chou-fleur avec la crème et assaisonnez.

Astuce
Quelques oeufs de poisson pour la déco, et voilà un velouté pour les grands soirs.

PRÉPARATION 05 MIN

pour	cuisson	difficulté	coût
4	00:10	très facile	bon marché

Recette proposée par BB007

« Vite fait, économique et excellent ! Je recommande. Je l'ai fait sans crème. »

LapetiteBerry18

LOTTE
à l'armoricaine

1 queue de lotte

400 g de dés de tomates

20 cl de vin blanc

5 cl de cognac

1 c. à soupe de concentré de tomate

1 oignon

4 échalotes

25 g de beurre

1 Émincez l'oignon et les échalotes. Coupez la lotte en gros morceaux.

2 Déposez la lotte et le beurre dans la cuve. Lancez le mode DORER pour 00:04, en ajoutant le temps du préchauffage.

3 Retirez les morceaux de poisson et flambez-les au cognac dans un plat.

4 Déposez l'oignon, les échalotes, les tomates, le concentré et le vin dans la cuve, puis lancez le mode CUISSON SOUS PRESSION pour 00:05.

5 Ajoutez le poisson et relancez la cuisson sur le même mode pendant 00:10.

6 Servez bien chaud.

pour	cuisson	PRÉPARATION	difficulté	coût
4	00:19	15 MIN	très facile	un peu cher

« Superbe recette à suivre pas à pas, c'est très très très bien !!! En effet, j'ai ajouté un peu de crème fraîche pour réduire l'acidité de la tomate. »
labbeevelyne

FRICASSÉE DE DINDE
aux tomates et poivrons

600 g de sauté de dinde

3 tomates

2 poivrons de couleurs différentes

2 oignons

1 branche de céleri

25 g de beurre

2 c. à soupe de crème fraîche

1 c. à café de thym

1 Coupez la dinde en lamelles. Coupez les tomates en quartiers. Épépinez les poivrons, puis coupez-les en dés. Émincez le céleri et les oignons.

2 Déposez la viande, le beurre et les oignons dans la cuve, puis colorez en mode DORER pendant 00:04, en ajoutant le temps du préchauffage.

3 Ajoutez 2 c. à soupe d'eau, les légumes, le thym, puis lancez le mode CUISSON SOUS PRESSION pour 00:12.

4 Ajoutez la crème, mélangez, puis servez sans attendre.

pour	cuisson	PRÉPARATION	difficulté	coût
4	00:16	15 MIN	très facile	moyen

Recette proposée par Marmiton_Recettes

4 filets de colin
ou autre poisson blanc

10 carottes

1 poivron vert

4 échalotes

2 c. à soupe
d'huile d'olive

2 c. à soupe
de persil haché

FILETS DE COLIN
aux carottes

1 Pelez et émincez les carottes. Taillez le poivron et les échalotes en petits dés.

2 Déposez le tout avec l'huile dans la cuve. Assaisonnez, ajoutez le persil et faites revenir en mode DORER pendant 00:05, en ajoutant le temps du préchauffage.

3 Déposez le poisson dans le panier vapeur et recouvrez avec la préparation de légumes.

4 Versez 20 cl d'eau dans la cuve, installez le panier, puis lancez le mode CUISSON SOUS PRESSION pour 00:06.

pour	cuisson	PRÉPARATION	difficulté	coût
4	00:11	15 MIN	très facile	moyen

« Délicieux ! Mais je n'ai pas mis de poivron et j'ai ajouté 2 poireaux, 2 pommes de terre et 10 cl de crème fraîche et tous les ingrédients se marient divinement ! »
glinka

CRÈME D'ASPERGE
en verrines

1 botte d'asperges

125 g de mascarpone

1 œuf

4 c. à café d'œufs de lump

Graines de pavot

Persil

1 Coupez l'extrémité dure des asperges, puis déposez-les dans le panier vapeur avec l'œuf entier.

2 Versez 20 cl d'eau dans la cuve, installez le panier, puis lancez le mode CUISSON SOUS PRESSION pour 00:06.

3 Écalez l'œuf, puis mixez-le avec les asperges, le mascarpone et du poivre dans un blender.

4 Répartissez la préparation dans des verrines, puis ajoutez 1 c. à café d'œufs de lump, du persil et parsemez de graines de pavot.

5 Réservez au réfrigérateur 15 min avant de servir, accompagné d'un bagel.

pour	cuisson	repos	PRÉPARATION	difficulté	coût
4	00:06	00:15	06 MIN	très facile	moyen

« Très frais et bon. Sur le dessus,
j'ai mis des fines herbes et une chips de lard. »
Sophisof

4 courgettes

200 g de lardons fumés

1 oignon

10 cl de crème fraîche légère

1 c. à café d'herbes de Provence

COURGETTES à ma façon

1. Émincez l'oignon. Taillez les courgettes en fines rondelles.
2. Déposez l'oignon et les lardons dans la cuve, puis faites revenir en mode DORER le temps du préchauffage.
3. Ajoutez les courgettes, les herbes et du poivre. Faites cuire sur le même mode pendant 00:10, en remuant constamment.
4. Ajoutez la crème, mélangez et servez sans attendre.

Astuce
Ajoutez du basilic en fin de cuisson pour plus de goût.

pour	cuisson	PRÉPARATION	difficulté	coût
4	00:10	10 MIN	très facile	bon marché

SALADE DE QUINOA à la feta

350 g de quinoa

100 g de feta

2 tomates

2 avocats

2 échalotes

1 c. à soupe de jus de citron

1 Versez 55 cl d'eau dans la cuve. Ajoutez le quinoa rincé, puis lancez le mode CUISSON SOUS PRESSION pour 00:09.

2 Émincez finement les échalotes. Coupez les tomates, les avocats et la feta en petits dés.

3 Versez le tout dans un saladier et arrosez de jus de citron.

4 Une fois refroidi, ajoutez le quinoa égoutté et brassez le tout. Servez bien frais.

pour 4 | cuisson 00:09 | PRÉPARATION 10 MIN | difficulté très facile | coût bon marché

Recette proposée par romina_16765657

« Pour un repas végétalien, remplacer la feta par des pois chiches. » Cnoeur

4 pavés de saumon

5 échalotes

10 g de beurre

4 c. à soupe
de vinaigre balsamique

2 c. à soupe
de vin blanc

2 c. à soupe
de crème fraîche

½ c. à café
de moutarde

SAUMON
à l'échalote

1 Émincez les échalotes. Déposez une feuille de papier sulfurisé dans le panier vapeur. Placez les pavés de saumon.

2 Versez le beurre et les échalotes dans la cuve, installez le panier, puis faites cuire doucement en mode RÉCHAUFFER pour 00:06.

3 Mélangez le reste des ingrédients et soulevez le panier pour ajouter le tout sur les échalotes.

4 Réinstallez le panier, salez, poivrez, puis lancez le mode CUISSON SOUS PRESSION pour 00:04.

5 Servez chaque pavé de saumon, puis nappez de sauce à l'échalote.

Astuce
Accompagnez d'un vin blanc sec.

PRÉPARATION 15 MIN

pour	cuisson	difficulté	coût
4	00:10	très facile	moyen

Recette proposée par Marmiton_Recettes

SEMOULE AU LAIT
toute simple

90 g de semoule fine de blé

1 l de lait

60 g de sucre

1 Versez tous les ingrédients dans la cuve de votre robot, mélangez et lancez le mode CUISSON SOUS PRESSION pour 00:07.

2 Répartissez dans des ramequins et laissez refroidir.

Astuce
Personnalisez vos desserts avec un peu de fleur d'oranger, des raisins, du caramel ou encore du cacao.

pour: 6
cuisson: 00:07
PRÉPARATION: 10 MIN
difficulté: très facile
coût: Bon marché

Recette proposée par Juliette_46

PORRIDGE

160 g de flocons d'avoine

1 l de lait entier

2 c. à soupe de cassonade

2 c. à soupe de noisettes

2 c. à soupe d'amandes effilées

1. Versez le lait dans la cuve. Lancez le mode DORER pour 00:10 jusqu'à ébullition.
2. Ajoutez les flocons d'avoine sans cesser de remuer avec une cuillère en bois.
3. Servez garni de fruits de saison.

Astuce
Les gourmands peuvent ajouter du chocolat, en poudre ou en copeaux, au moment de servir.

pour 4 — cuisson 00:10 — PRÉPARATION 05 MIN — difficulté très facile — coût bon marché

MOUSSE
au chocolat

130 g de chocolat noir pâtissier

4 œufs

1 sachet de sucre vanillé

1 Versez 25 cl d'eau dans la cuve. Placez le chocolat concassé dans un petit récipient. Recouvrez-le de film alimentaire, puis déposez-le dans le panier vapeur et lancez le mode DORER pour 00:10, couvercle entrouvert. Réservez le chocolat, videz l'eau de la cuve.

2 Séparez les blancs des jaunes d'œufs. Incorporez au fouet les jaunes d'œufs et le sucre vanillé au chocolat fondu.

3 Battez au robot les blancs d'œufs en neige ferme, puis ajoutez-les délicatement au mélange à l'aide d'une spatule.

4 Répartissez dans des ramequins, puis placez au frais pour 2 heures.

pour	cuisson	PRÉPARATION	difficulté	coût
4	00:10	10 MIN	très facile	Bon marché

Recette proposée par Magikgateau

1 pâte feuilletée

50 cl de lait

1 gousse de vanille

35 g de farine

250 g de sucre

1 pincée de sel

5 œufs

1 citron

PASTÉIS DE NATA

1 Mettez le lait et la gousse de vanille fendue en 2 dans la cuve. Lancez le mode DORER pour 00:05. Enlevez la gousse.

2 Dans un saladier, mélangez la farine, le sucre et le sel. Ajoutez le lait vanillé, puis 4 jaunes et 1 œuf entier ainsi que 3 c. à soupe du jus de citron.

3 Étalez la pâte dans des petits moules ronds, puis versez la préparation. Préchauffez le four à 210 °C. Faites cuire 10 min.

Astuce
Pour plus de saveur, saupoudrez de cannelle.

pour	cuisson	PRÉPARATION	difficulté	coût
8	00:15	10 MIN	facile	Bon marché

Recette proposée par ariana

100 g de riz rond

1 gousse de vanille

50 cl de lait entier

40 g de sucre

RIZ AU LAIT

1 Fendez la gousse de vanille et grattez les graines.

2 Déposez le tout dans la cuve avec le lait, le sucre et le riz. Lancez le mode CUISSON SOUS PRESSION pour 00:10.

3 Stoppez la cuisson, ouvrez la cuve et laissez reposer 5 min.

4 Mélangez, puis servez, froid ou chaud.

Variante :
C'est encore meilleur nappé de caramel liquide !

pour	cuisson	repos	PRÉPARATION	difficulté	coût
4	00:10	00:05	05 MIN	très facile	bon marché

« Pour être sûre de retrouver le goût du riz au lait de ma grand-mère, j'ai ajouté du rhum et le zeste d'une orange, et là j'ai même senti l'odeur du feu de bois… »
eva_17083677

COMPOTE
de poires

6 poires

1 c. à café d'extrait de vanille

1 Pelez et coupez les poires en gros morceaux.

2 Déposez les fruits dans la cuve, puis versez 20 cl d'eau. Lancez le mode CUISSON SOUS PRESSION. Laissez cuire 00:07.

3 Égouttez les fruits, ajoutez la vanille, puis mixez.

4 Servez chaud ou froid.

pour	cuisson	PRÉPARATION	difficulté	coût
4	00:07	10 MIN	très facile	bon marché

« Très bon. Pour éviter que ce soit trop liquide, j'ai ajouté de la poudre d'amandes. »
Gandialuz

PANCAKES

65 g de beurre

2 œufs

250 g de farine

1 sachet de levure chimique

30 g de sucre

30 cl de lait

1 pincée de sel

1 Mettez le beurre dans un ramequin, puis déposez-le dans la cuve et ajoutez 1 cm d'eau. Lancez le mode DORER, jusqu'à ce que le beurre fonde.

2 Mélangez le beurre fondu dans un saladier avec les œufs, puis la farine, la levure et le sucre. Délayez progressivement avec le lait et salez légèrement.

3 Videz l'eau, puis faites cuire les pancakes en mode DORER 30 à 40 secondes par face.

Astuce
Agrémentez de sucre, de sirop, de fruits de saison ou surgelés.

pour	cuisson	PRÉPARATION	difficulté	coût
4	00:10	15 MIN	très facile	bon marché

« Très bons ! Possibilité de remplacer le lait
par du lait de riz, de ne pas mettre de beurre :
ils sont aussi top et peut-être meilleurs pour la santé ! »
anonyme

200 g de lait de coco

200 g de lait concentré sucré

1 citron vert bio

2 œufs

FLAN
coco-citron vert

1 Râpez le citron. Dans un saladier, battez les œufs, les laits et les zestes.

2 Versez la préparation dans 4 ramequins, puis filmez-les hermétiquement. Déposez-les dans le panier vapeur.

3 Versez 20 cl d'eau dans la cuve, installez le panier, puis lancez le mode CUISSON SOUS PRESSION. Laissez cuire 00:08.

4 Laissez refroidir, puis placez au réfrigérateur au moins 3 h avant de déguster.

Variante :
Ajoutez un peu de caramel dans le fond des ramequins.

PRÉPARATION 08 MIN

pour	cuisson	repos	difficulté	coût
4	00:08	03:00	très facile	bon marché

500 g de myrtilles

2 œufs

30 cl de lait tiède

40 g de sucre

1 c. à café d'extrait de vanille

CRÈME
aux myrtilles

1 Battez les œufs dans un saladier. En fouettant, ajoutez le lait, le sucre et l'extrait de vanille.

2 Réservez quelques myrtilles, puis répartissez les fruits dans 4 ramequins. Ajoutez la préparation aux œufs. Filmez hermétiquement.

3 Versez 10 cl d'eau dans la cuve, puis déposez les ramequins. Lancez le mode CUISSON SOUS PRESSION pour 00:05.

4 Laissez refroidir, puis parsemez de myrtilles fraîches avant de servir.

pour 4

cuisson 00:05

PRÉPARATION 10 MIN

difficulté très facile

coût bon marché

« Afin que ce gratin soit moins acidulé, j'ajoute des morceaux de pommes et de la crème liquide (le dessus est plus moelleux). »
agathe_15969943

COMPOTÉE de rhubarbe et pommes

4 pommes

2 tiges de rhubarbe

2 c. à soupe de sucre

1 Pelez les pommes et coupez-les en quartiers. Épluchez la rhubarbe et coupez les tiges en petits tronçons.

2 Déposez les fruits dans la cuve et ajoutez 10 cl d'eau. Lancez le mode CUISSON SOUS PRESSION pour 00:06.

3 Mixez et dégustez chaud ou froid, avec de la crème Chantilly et des langues de chat.

Astuce
Meringue, chantilly... vous pouvez ajouter le topping souhaité.

pour: 4
cuisson: 00:06
PRÉPARATION: 15 MIN
difficulté: très facile
coût: bon marché

INDEX DES RECETTES

BONS PETITS PLATS POUR LE SOIR

EN ROUTE POUR AILLEURS

RISOTTO ET PASTA DE LA MAMMA

EN MODE LIGHT ET GOURMAND

C'EST L'HEURE DU DESSERT !

INDEX DES RECETTES

REMERCIEMENTS

Merci à tous les membres de l'équipe Marmiton et à l'ensemble des marmitons qui, pour notre plus grand bonheur, apportent chaque jour leur pierre à l'édifice de transmission que constitue le site Marmiton.

Nous tenons également à remercier pour leur contribution à cet ouvrage :
Clotilde Bouthors, Jean-Louis Broust, Armelle Goraguer, Nicolas Legoll, Karine Marigliano, Marjorie Seger, Emmanuelle Serrero-Després.

Création graphique
Émilie Laudrin
Mise en pages
Delphine Guéchot
Photogravure
Studio 4

CRÉDITS PHOTOGRAPHIQUES

© **Shutterstock** : packshots ainsi que © **Alexander Prokopenko** : p. 9 ; © **Lapina Maria** : p. 11 ; © **Olga Miltsova** : p. 17 ; © **robert dumitru** : p. 27 ; © **nelea33** : p. 33 ; © **3523studio** : p. 35 ; © **homelesscuisine** : p. 41 ; © **Chatham172** : p. 43 ; © **Konstantin Kopachinsky** : p. 45 ; © **KiianOksana** : p. 49 ; © **Goskova Tatiana** : p. 51 ; © **Nickola_Che** : p. 55 ; © **Iova Mihai** : p. 57 ; © **tommasolizzul** : p. 63 ; © **from my point of view** : p. 65 ; p. 67 : © **NoirChocolate** ; © **Seva_blsv** : p. 69 ; © **Ekaterina Kondratova** : p. 75 ; © **OKuznechikova** : p. 77 ; © **Natalia Lisovskaya** : p. 78 ; © **Maria Shumova** : p. 81 ; © **Vladislav Noseek** : p. 99 ; © **zirawka** : p. 101 ; © **Anna_Pustynnikova** : p. 103 ; © **Amallia Eka** : p. 107 ; © **Natalia Lisovskaya** : p. 109 ; © **mama_mia** : p. 111 ; © **anyaivanova** : p. 113.

© **Atelier chez Elles** : p. 7, p. 13, p. 21, p. 23, p. 25, p. 31, p. 37, p. 47, p. 59, p. 61, p. 71, p. 73, p. 83, p. 91, p. 95, p. 97, p. 105, p. 115.

© **Émilie Montuclard** : p. 15, p. 19, p. 85, p. 87, p. 89, p. 93,

© **Sucré Salé** : © **Lawton/Photocuisine** : p. 29 ; © **Studio/Photocuisine** : p. 53.

© **Manina Hatzimichali** : p. 39.

DÉCOUVREZ

dans la même collection

Achevé d'imprimer en mars 2021
sur les presses de l'imprimerie GPS
en Bosnie-Herzégovine
ISBN : 978-2-809-67565-8
Dépôt légal : avril 2021

14 bis rue des Minimes — 75003 Paris
www.playbac.fr